KB215886

Хүн эхнээсээ Бурхантай харилцан аз жаргалтай амьдрахаар бүтээгдсэн.

Ийнхүү Бурхан Өөрийн дүр төрхөөр хүнийг бүтээж... (Эхлэл 1:27)

Гэвч хүн Бурханд дуулгаваргүй хандан гэм үйлдсэнээр Бурханаас холдон явахад хүрсэн.

Үр дүн: Түгшүүр, Айдас/ Үхэл

Бүгд нүгэл үйлдсэн тул Бурханы алдар сууд хүрдэггүй... (Ром 3:23)

Нүглийн хөлс нь Үхэл... (Ром 6:23)

Бурхан хүмүүсийн энэхүү дүр төрхийг харан
өрөвдөн хайрлаж Есүс Христийг золиос болгон энэ
дэлхийруу илгээсэн.

Бурхан бол хайр. (1Иохан 4:8)

Учир нь Хүний Хүү үйлчлүүлэхийн тулд бус' харин үйлчлэхийн тулд
мөн олны төлөө амиа золиос болгон өгөхийн тулд ирсэн билээ гэв.
(Марк 10:45)

Есүс бидний бүх гэм нүглийн төлөө загалмай дээр цовдлогдон нас барж 3 хоногийн дотор дахин амилсан.
Тэгээд бидэнд 2 янзын бэлэг өгөхийг хүсэж байна.

Бэлэг: Амар тайван/ Мөнх амь

Амар амгаланг Би та нарт үлдээнэ. Би Өөрийн амар амгалангаа та нарт өгнө. Ертөнцийн өгдгөөс өөр юмыг Би та нарт өгч байна. Та нар зүрхээ бүү зовоо. Бүү ай. (Иохан 14:27)

Би тэднийг амьтай' бялхсан амьтай байлгахын тулд ирсэн юм. (Иохан 10:10)

Та жинхэнэ амар тайван ба мөнх амийг авахыг хүсч байна уу?

Таныг энэ цагт Есүсийг хүлээн аваад жинхэнэ амар тайван ба мөнх амийг аваасай хэмээн Бурхан хүсч байна.

Бурхан ертөнцийг үнэхээр хайрласандаа цорын ганц Хүүгээ өгсөн тул Хүүд итгэдэг бүхэн мөхөхгүй харин мөнх амьтай байх болно. (Иохан 3:16)

Харин Өөрийг нь хүлээн авсан болгонд' Өөрийнх нь нэрэнд итгэгчдэд Тэрээр Бурханы хүүхэд болох эрхийг өглөө. (Иохан 1:12)

Одоо Есүс таны зүрх сэтгэлийн үүдийг тогшиж байна. Тиймээс Та сонголт хийх хэрэгтэй.

Гэм нүглээр дүүрэн энэ дэлхий дээр түгшүүр ба айдастай амьдрасаар үхэх, мөн үхсэний дараа тамд мөнхийн зовлонг амсах уу..., эсвэл Есүсийг хүлээн аваад жинхэнэ амар тайван ба мөнх амийг авах уу...

Та Есүсийг хүлээн авмаар байна уу?

Харагтун, Би үүдэн дээр зогсоод тогшиж байна. Хэрэв хэн нэгэн нь дууг минь сонсоод үүдээ нээвэл, Би дотогш түүн уруу орж, түүнтэй хамт, тэр Надтай хамт хооллоно. (Илчлэлт 3:20)

Маш чухал шийдвэр гаргалаа.

Хамт залбирч өгнө үү.

Бурхан аавааˎ Би бол гэмтэй.

Өөрийн гэмийг хүлээн зөвшөөрч байгаа тул уучилж
өгөөч.

Есүс миний гэмийн төлөө загалмай дээр
цовдлогдон нас барж

дахин амилсан гэдэгт итгэж байна.

Одоо миний зүрх сэтгэлд орж ирээд

Миний аврагч Эзэн минь болооч

Есүсийн нэрээр гуйн залбирлаа

Амен

Та Есүсийг хүлээн авсан тул Бурханы хүүхэд болсон

Тиймээс ойр байдаг цуглаанд очин Бурханы үгийг сонсож, залбирч Бурхантай хамт аз жаргалтай амьдрах хэрэгтэй.